AF242856

VIVE LA NATION !

LA RÉPUBLIQUE DU PEUPLE

Réflexions d'un Nationaliste

Le lecteur pour me lire aura mis peu de temps :
Son mortel ennui dure au plus quelques instants.
(Vieille Poésie)

PARIS

—

1902

VIVE LA NATION !

LA RÉPUBLIQUE

DU PEUPLE

Réflexions d'un Nationaliste

Le lecteur pour me lire aura mis peu de temps
Son mortel ennui dure au plus quelques instants.
(*Vieille Poésie*)

PARIS

1902

Aux Républicains-Plébiscitaires

WASHINGTON, MAC-KINLEY, ROOSEWELT,

DANTON, GARIBALDI, KRUGER,

WALDECK-ROUSSEAU,

ODILON BAROT, GARNIER-PAGÈS, LAMARTINE,

LEDRU-ROLLIN, MARCEL HABERT, PAUL DÉROULÈDE.

Cette plaquette est dédiée par un partisan de l'Union entre les différentes Ligues d'Opposition Républicaine,

Paris, janvier 1902.

PRÉFACE

La lecture du journal « Le Drapeau » m'a convaincu
que le meilleur moyen de s'entendre pour les Républicains opposés au régime actuel, était d'adopter le
programme de la République Plébiscitaire.

C'est la série des arguments empruntés au vaillant
moniteur de la Ligue des Patriotes, que je voudrais
exposer en quelques pages.

Le régime parlementaire actuel, né de l'usurpation
du 4 septembre 1870, issu d'une Assemblée qui n'avait
pas de pouvoir constituant, a donné à la France un
Constitution qui n'est pas valable, en droit.

Un des principes de la grande Révolution est, e,
effet, que le Pouvoir constituant appartient au Peuple.
Une Constitution doit être faite par une Assemblée
constituante, élue spécialement à cet effet : Assemblée
constituante de 1776 aux Etats-Unis ; en France,
Assemblées constituantes de 1789 et de 1848.

Or, les usurpateurs de 1870 se sont montrés, dès
le début, les adversaires résolus de l'opinion publique,
en supprimant la garde nationale, cette sauvegarde
de la Nation.

Depuis ils ont supprimé le scrutin de liste, aboli les
candidatures multiples, combattu les popularités nais-
santes, toujours en haine de l'opinion populaire.

Les manifestations ouvrières sont réprimées impitoyablement, par une police deux fois plus nombreuse que sous l'Empire, et munie d'armes perfectionnées.

Pour eux, suivant le mot de Fabre d'Eglantine, le Peuple n'est bon qu'à faire des révolutions. Il doit ensuite rentrer dans la poussière et disparaître devant ceux qui veulent bien se donner la peine de le mener.

Leur majorité à la Chambre a été assurée, et le sera peut-être encore, par une armée de cinq cent mille fonctionnaires, jusqu'au jour de la catastrophe finale, « de la faillite nationale ! »

Cette faillite financière, militaire et sociale, la République Plébiscitaire voudrait « l'éviter ». Elle espère rallier toutes les bonnes volontés républicaines fidèles aux principes de la Révolution.

Elle renonce à convaincre : ceux que n'effraie pas un budget de trois milliards 5oo millions ; ceux qui redoutent pour la France un Chef librement élu, tenu également éloigné de l'hérédité et de l'usurpation, remplaçable ou rééligible au bout de quatre ans, suivant les services rendus ; enfin ceux qui préfèrent que nous soyons gouvernés par 6oo députés (l'Amiral Courbet eût écrit « Polichinelles » ; Gambetta aurait dit « sous-vétérinaires »).

PREMIÈRE PARTIE

______

La République du Peuple pour et par le Peuple

ARTICLE PREMIER

Déclarations des Droits de l'Homme et du Citoyen

Le principe de souveraineté réside essentiellement dans la Nation.

La souveraineté réside dans le Peuple :

Elle est une et indivisible, imprescriptible et inaliénable.

Aucune portion du Peuple ne peut exercer la puissance du Peuple entier.

Un Peuple a toujours le droit de reviser, de réformer et de changer sa Constitution.

Chaque citoyen a un droit égal de concourir à la formation de la loi et à la nomination de ses mandataires et de ses agents.

La Constitution illégale de 1875 va donc à l'encontre des déclarations des Droits de l'Homme, puisqu'elle admet trois catégories d'électeurs :

Les électeurs présidentiels,

Les électeurs sénatoriaux,

Les électeurs pour députés.

Or, d'après les déclarations des Droits de l'Homme, affichées dans toutes les communes de France, aucune portion du Peuple ne peut exercer la puissance du Peuple entier.

Les élections ne peuvent donc se faire à plusieurs dégrés, qu'avec mandat impératif, comme cela a lieu aux États-Unis.

ARTICLE II

Définition

Il y a deux sortes de Républiques :

La République Parlementaire, dont s'accommodent quarante millions de Français, et peut-être moins.

La République Plébiscitaire, adoptée par plus de cent millions de Républicains, parmi lesquels, occupant le premier rang, se trouvent les Américains.

« Plébiscitaire » est un terme de forme un peu latine, mais « République » également.

Plébis scita. Res Publica.

C'est de plus un terme légèrement abréviatif ; mais, dans un pays qui dit métro pour métropolitain, et le Champ de Mars au lieu de la Société nationale des Artistes français, laquelle se tient d'ailleurs aux Champs Elysées, il ne faut pas craindre les abréviations.

Donc « République Plébiscitaire » veut dire : République où le chef de l'Etat est nommé par le Peuple, et d'une manière plus générale, République où le Peuple a le droit de nommer directement tous ses représentants, y compris son Représentant en chef.

C'est la République du Suffrage Universel.

ARTICLE III

De l'indépendance du Pouvoir exécutif

Si les Plébiscitaires sont, par définition, les partisans d'un chef librement élu, les Parlementaires sont, eux, les partisans de l'omnipotence du Parlement. Mais la différence entre les deux partis est que les parlementaires n'admettent pas l'indépendance, même relative, d'un pouvoir central ; tandis que les Plébiscitaires maintiennent dans leur Constitution l'action des Parlements, par le contrôle des finances et le vote du Budget.

On objecte, il est vrai, que la Constitution de 1875 donne au Président de la République certains pouvoirs très étendus, dont il ne se sert pas ; et que s'il savait ou voulait s'en servir, l'équilibre serait établi entre le Pouvoir législatif et le Pouvoir exécutif.

Cette assertion est complètement fausse, comme nous le verrons dans l'article IV.

En réalité, le Président congressiste de la République actuelle n'a qu'un droit, celui de recevoir les ambassadeurs et les souverains étrangers, et de leur offrir à dîner.

C'est le premier majordome de la France, non choisi par elle d'ailleurs, aux appointements fixes de douze cent mille francs par an.

Après le 16 mai, le choix populaire aurait désigné Gambetta qui venait d'être élu dans quatorze départements. Les électeurs congressistes n'ont jamais tenu compte du sentiment populaire.

Quatre de ces majordomes sur six, depuis trente ans, un peu moins domestiquables que les autres, ont donné leur démission.

Le Pouvoir exécutif, actuellement, n'est pas un pouvoir, car il n'y a pas pouvoir là où il n'y a ni responsabilité ni initiative.

ARTICLE IV

Des prérogatives de M. Loubet

M Loubet a le droit de choisir ses ministres. Oui, mais à condition qu'ils lui soient désignés par la majorité des Chambres.

Il nomme à tous les emplois, à condition que les candidats soient agréés par le ministre compétent.

M. Loubet ayant écrit au général André pour lui recommander la nomination d'un officier de sa maison militaire, le ministre de la guerre lui répondit qu'il était désolé de ne pouvoir faire droit à cette recommandation. Et cependant il commande les armées de terre et de mer. Commandement illusoire, puisque depuis le maréchal Mac-Mahon, le choix du Congrès s'est porté sur un civil ; commandement rendu impossible au maréchal lui-même, qui ne put conserver dans leurs commandements ses anciens compagnons d'armes.

M. Loubet a le droit de *veto* suspensif ; mais si la loi renvoyée devant les Chambres est maintenue dans son texte primitif, le droit de *veto* disparaît.

Je m'oppose à cette loi inique, pourrait-il dire, à moins que vous ne teniez absolument à ce que je ne m'y oppose pas.

Il n'a même pas envie de le dire ; craignant le ressentiment des Chambres qui pourraient lui faire perdre sa place, ainsi que cela se pratiqua pour M. Grévy (grève de ministres) ou pour le Maréchal (refus de voter le Budget). Il y a encore autour du Chef de l'Etat, la quarantaine organisée par les ministres, tactique employée contre M. Casimir-Périer.

Il y a enfin le droit pour les Chambres de mettre le Président en accusation, s'il tente le moins du monde de leur désobéir ou de sortir de ses attributions majordomesques

ARTICLE V

Suite des prérogatives de M. Loubet

M. Loubet a le droit de conclure des traités ; de faire la paix ou la guerre, toujours avec l'assentiment des Chambres, qui ratifient les traités, et décident du commencement ou de la fin des hostilités.

M. le Président négocie ou ratifie les traités, qui ne deviennent définitifs qu'après l'approbation des Chambres.

Qu'est-ce qu'un traité qui n'est pas définitif ?

Il a, en un mot, le droit de faire tout ce que les Chambres veulent.

Il peut dissoudre la Chambre des Députés : oui, mais avec l'assentiment du Sénat. Il peut proroger les Chambres pendant un mois : oui, mais les Chambres se réunissent de plein droit à la demande de la majorité de leurs membres.

M. Loubet a l'initiative des lois concurremment avec les Chambres.

Oui, mais que le Président de la République propose une seule loi au Parlement, le Président du Conseil verra dans cette imprudence une excellente occasion de mettre en échec M. Loubet et de lui prendre sa place.

M. Loubet est couvert par son impuissance ; et à ne rien pouvoir de ce qu'il voudrait, là se bornent ses prérogatives.

Ses prérogatives, un joli mot, que la Constitution de 1875

semble mettre en évidence dans le paragraphe suivant:
« Les actes du Président de la République sont contre-
signés par les ministres ».

Or, la vérité est que le Président de la République contre-
signe les actes des ministres, et qu'il ne pourrait pas faire
autrement, à moins de renoncer à une place qui lui rapporte
plus de profit que d'honneur.

DEUXIÈME PARTIE

La Souveraineté Nationale

ARTICLE PREMIER

Des objections faites aux Républicains Plébiscitaires

Une des objections qui reviennent toujours sous la plume des parlementaires inquiets est celle-ci :

Le Plébiscite c'est l'Empire.

Il est vrai que le Suffrage universel, inauguré seulement en France depuis dix mois, a désigné le 10 décembre 1848, le prince Louis Bonaparte comme Président de la République.

Mais c'était à une époque où l'instruction n'était ni gratuite ni obligatoire ; où, par conséquent, la légende Napoléonienne était toute puissante, et où on a voté par représailles contre la Terreur blanche, contre les royalistes rentrés en France à la suite des Prussiens et des Anglais, et en souvenir des gloires militaires du premier Empire.

Que ce choix ait entraîné une usurpation de pouvoirs en 1851, il faut surtout en rejeter la faute sur l'Assemblée constituante, qui avait décrété la non réélection du Chef de l'Etat ; sur l'Assemblée législative, voulant retirer le droit de voter à trois millions d'électeurs, et sur les menées du général Changarnier, qui se préparait à tenter un coup de force en faveur des royalistes.

Mais en admettant que le Suffrage universel se soit trompé à ses débuts, on ne peut en conclure qu'après cinquante ans d'exercice, sa souveraineté soit frappée de déchéance, dans un pays où l'électricité et la vapeur ont supprimé les distances, où les citoyens savent presque tous lire et écrire, et où la liberté de la presse apporte jusque dans les moindres villages la lumière de ses discussions.

ARTICLE II

Du reproche de Césarisme

Les Plébiscitaires ne sont pas des Césariens.

Ils ne sont pas des Césariens au point de vue historique, puisque ce fut César qui abolit les plébiscites romains, puisque les premiers empereurs romains, César-Auguste, César-Tibère, César-Néron étaient nommés par les sénateurs, et non par le Peuple.

Ils ne sont pas des Césariens au point de vue politique, si l'on entend par là qu'ils sont partisans des usurpations.

En politique gouvernementale, une usurpation résulte d'une révolution populaire ou d'un coup d'Etat militaire, quelquefois d'un accord entre la Nation et l'Armée, comme au 4 septembre 1876 qui, sous ce rapport, est un précédent de l'affaire de Reuilly.

Celle de 1851 est un coup de force militaire résultant d'un accord entre le ministre de la Guerre et le commandant de l'armée de Paris, le général de Saint-Arnaud et le général Magnan dans le cas qui nous occupe.

Mais cet accord est indépendant de la Constitution et peut se produire aussi bien dans une République parlementaire que dans une République Plébiscitaire.

Le remède constitutionnel, la garantie légale contre le retour de pareils faits, consisterait à réserver la nomination du ministre de la Guerre ainsi que celle des autres ministres au Pouvoir exécutif.

Le Pouvoir législatif aurait le choix, en temps de paix, de la nomination du Gouverneur de Paris.

Tout danger d'usurpation se trouverait ainsi écarté, plus sûrement, même, que sous le ministère d'un général entreprenant tel que le général de Galliffet.

ARTICLE III

Du reproche de Dictature

La République Plébiscitaire, en renforçant le Pouvoir exécutif, limité dans ses attributions par le contrôle du Parlement sur le budget, par le referendum ou plébiscite d'arbitrage, en cas de conflit avec le Pouvoir législatif, ne présente pas autant de danger de dictature que l'omnipotence des Parlements.

Qu'appelle-t-on en effet Dictature, qu'il ne faut pas confondre avec le mot usurpation, précédemment défini ?

La Dictature est une puissance sans mesure qui permet :

1º De faire tirer sur des manifestants.

2º De faire emprisonner des citoyens illégalement.

3º De bannir les chefs de l'opposition.

4º D'engager des expéditions militaires, sans avoir consulté les Chambres.

5º D'augmenter les impôts sans consulter la Nation.

6º De supprimer les libertés gênantes.

7º De convoquer des juridictions d'exception.

8º De ne pas tenir compte des verdicts du jury.

9º De négliger le droit de pétition et le droit d'interpellation.

10º De faire de la candidature officielle.

11º De décorer et de rétribuer ses partisans et de persécuter ses adversaires.

12º De s'allouer des fonds secrets pour des besognes mal définies.

En un mot de se croire tout permis, et d'avoir recours à la corruption ou à la peur, pour grâcier des coupables et faire condamner des acquittés.

Je crois que de cette puissance, nous avons eu un exemple sous les yeux.

ARTICLE IV

De la Dictature parlementaire

Le prince Louis Bonaparte, après l'usurpation du 2 décembre 1851, fit de la Dictature, en ordonnant d'emprisonner 24 représentants du Peuple, en faisant tuer cent cinquante citoyens dans les rues, en exilant ou déportant cinq cents membres de l'opposition, en transformant la police, gardienne de l'ordre, en moyen de gouvernement.

Mais la République parlementaire, après son usurpation du 4 septembre 1870, a fait massacrer trente mille Français dans les rues de Paris, a fait tirer sur les manifestants de Fourmies, de la Martinique et de Chalon-sur-Saône, a fait emprisonner illégalement une centaine de citoyens en août 1899, a fait déporter plus de cinq cents citoyens en 1871, a fait emprisonner ou exiler les chefs de l'opposition anti-dreyfusiste.

Un nouveau Conseil des dix supprime la liberté de réunion, encourage les habitués du couteau et du revolver, qui s'attaquent aux nationalistes ; et le préfet de police commande une véritable armée de sergents de ville, plus nombreux que sous aucun autre régime.

La seule différence est que l'on appelle « Dictature » dans un cas, ce qui s'appelle aujourd'hui « Défense républicaine ».

ARTICLE V

De la Décentralisation

Sans aller jusqu'aux limites de la décentralisation américaine, qui fait de chaque Etat, pour ainsi dire, un Etat dans
l'Etat, ayant sa Constitution propre, on peut admettre une
indépendance plus grande pour nos assemblées départemen-
tales et communales.

Il y aurait tout intérêt, d'ailleurs, à réduire le nombre de
nos départements et à les grouper par régions de corps
d'armée ou par provinces.

La Suisse, comme l'Amérique, a depuis longtemps
adopté le système décentralisateur.

Cette décentralisation, avec les facilités de communica-
tion, les échanges d'idées et de sentiments développés par
les journaux, le chemin de fer et le télégraphe, n'aurait pas
les mêmes inconvénients qu'au siècle dernier.

Une première conséquence serait la réduction du nombre
des députés et des sénateurs (quatre ou cinq par région).

Une seconde conséquence serait de calmer les appréhen-
sions des nationalistes, disposés à redouter les empiètements
du pouvoir central. Beaucoup d'entre eux n'admettent en
effet le régime américain, qu'à condition de l'adopter dans
son ensemble, parce qu'ils voient dans une France décen-
tralisée une sauvegarde contre toute possibilité d'usurpation.

TROISIÈME PARTIE

Le Suffrage Universel

ARTICLE PREMIER

De la maturité du Suffrage Plébiscitaire

De ce qu'un enfant ait pu, en bas âge, renverser de l'encre sur sa robe, doit-on en déduire, pour l'homme fait, l'interdiction de jamais plus se servir d'encrier?

Un homme adulte sachant lire et écrire ne peut être rendu responsable des erreurs de sa première enfance.

Le Suffrage universel, après cinquante ans d'exercice, dans un pays où l'instruction a été rendue gratuite et obligatoire, doit être considéré comme ayant atteint l'âge adulte, ou alors, il ne l'atteindra jamais, et il faut le supprimer tout à fait. Car s'il est mauvais pour l'élection du chef de l'État, il l'est bien davantage pour l'élection des députés, à une époque de pressions et de candidatures officielles. (Voir la brochure intitulée *la Réforme électorale* éditée par Michel Lévy.)

Il semble que le choix, fait par le Peuple, de M. Thiers, nommé en 1871 dans 24 départements, est pour le suffrage Plébiscitaire une preuve de maturité indiscutable.

Le libérateur du territoire, le réorganisateur de l'armée française après nos désastres, fut, en effet un véritable président de République plébiscité.

Au reste, la véritable théorie démocratique est que le Peuple est souverain, et un souverain a le droit de faire les choix qui bons lui semblent.

Ces choix ne peuvent, en tous cas, être moins éclairés que ceux reprochés par l'Histoire à tant d'autres souverains, y compris les Parlements.

ARTICLE II

Du Suffrage au premier degré pour l'élection
du Président de la République

Tous les républicains antiparlementaires sont d'accord pour réclamer que l'élection du Président de la République se fasse indépendamment des Chambres.

Le Chef de l'Etat, nommé par les Chambres, est sous leur dépendance, et le choix des députés et sénateurs se porte naturellement sur des hommes politiques disposés à accepter leur tutelle.

Quel est le meilleur moyen d'assurer cette indépendance ? C'est l'élection Plébiscitaire.

Du moment en effet qu'il y a élection, le moyen d'assurer l'indépendance des suffrages, c'est d'étendre au plus grand nombre d'électeurs possible, le droit de voter

On peut empoisonner un verre d'eau, a dit Lamartine, ce républicain que M. Méline dans un récent discours considérait comme la personnification de la République, mais on ne peut corrompre la mer.

ARTICLE III

Le Peuple a des jugements très sains

(PASCAL)

Le Suffrage universel, qui nomme souvent de mauvais députés, nommerait-il de bons Présidents de la République ?

Dans une élection de député par arrondissement, l'électeur ne considère que son intérêt personnel, tout au plus celui de son département, et dès lors il a tout avantage à soutenir le candidat de la préfecture, quel que soit son peu de mérite.

Dans une élection présidentielle, l'intérêt général prime l'intérêt particulier, et chaque préfet, incertain du lendemain, garde une [prudente abstention. Quant aux choix qui pourraient être faits, reportons-nous aux indications antérieures.

Les sympathies populaires, depuis 1870, se sont portées sur M. Thiers, sur Gambetta, sur le général Boulanger, nommés députés dans plusieurs départements.

Ce dernier nom, plus discutable que les autres, représentait pour la masse des électeurs, l'utilisation des sommes énormes, englouties dans la réorganisation de l'armée, et l'application des efforts considérables faits depuis vingt ans par toute la Nation au point de vue militaire.

Aujourd'hui ces idées manqueraient d'opportunité.

Mais qui oserait soutenir que le sentiment populaire de

1889 n'était pas plus politique et plus sage que l'abdication à laquelle nous nous sommes résignés, devant un voisin devenu très supérieur en nombre, en puissance armée, en influence commerciale et industrielle ?

En 1889, notre puissance militaire avait atteint son maximum et égalait celle des Allemands.

Qui sait si l'avenir ne nous réserve pas de cruelles surprises de ce côté ?

ARTICLE IV

Du mépris affiché par les gens qui se croient intelligents pour le suffrage des gens qu'ils croient bêtes.

Les gens qui se croient intelligents se composent : de gens qui ont passé des examens, tel le général Farre qui était passé par l'Ecole polytechnique; de gens qui ont fait des livres, tel M. Zola, qui écrit six cent soixante-dix pages par an ; de gens qui ont amassé une grande fortune, tel M. X..., le fabricant de chocolat. Il y en a d'autres.

Ces gens-là considèrent généralement le Peuple comme trop bête pour nommer le Chef de l'Etat.

Or, il n'y a pas de question au monde sur laquelle des personnes également diplômées, également lettrées, également riches, n'aient des avis diamétralement opposés.

Quelques maîtres de l'intellectualisme ont même des idées contraires aux leurs, à chaque changement de lune ; tel M. Anatole France.

Quand les maçons, les charbonniers, les paysans, les charpentiers, les mineurs, les boulangers, les bouchers de France se rendront compte qu'ils ont autant de bon sens que les lettrés, que les savants, que les philosophes, que les banquiers, que les aristocrates de la finance, la République Plébiscitaire aura fait un grand pas.

C'est qu'il y a quelqu'un qui a plus d'esprit que Voltaire, plus d'intelligence que M. Decrais, plus de caractère que M. Loubet : c'est tout le monde.

ARTICLE V

Du droit au suffrage direct

L'homme est sujet à se tromper, dit une sentence latine.
On pourrait ajouter « sujet à l'erreur et à la corruption ».
Cette loi s'applique à tout être humain, quels que soient
son éducation, sa position sociale, sa condition de fortune
et ses brevets.

Même si le Peuple de France n'avait donné tant de preuves
de son labeur, de son intelligence, de sa prodigieuse écono-
mie, de sa bravoure aux temps d'invasion, de son courage
dans les catastrophes ou les sinistres, il aurait encore raison,
tout aussi bien que les députés, de réclamer son droit au suffrage direct.

Quant au danger de corruption, il est le même dans tous
les milieux ; les procédés seuls diffèrent. L'incorruptibilité
relative des suffrages ne peut résulter que de leur univer-
salité.

Molière et sa servante, Tolstoï et son moujick, indiquent
aux princes du savoir et de la pensée, qu'ils peuvent avoir
confiance, sans déroger, dans le bon sens populaire.

Reportons-nous au temps de l'Almanach du bonhomme
Richard, où la sagesse des nations concentrait en vulgaires
formules toutes les prétendues découvertes de la psycholo-
gie moderne :

Sur cinq générations de souverains, il n'y en a pas un qui
ait du bon sens. (Franklin.)

QUATRIÈME PARTIE

Le Gouvernement du Peuple

ARTICLE PREMIER

Les trois formes de Plébiscite

Il y a trois formes de Plébiscite, d'origine et d'usage parfaitement républicains, qui devraient servir de base à la Constitution Républicaine Plébiscitaire.

Nous laissons de côté les Plébiscites de ratification, les électeurs pouvant, en ce cas, déclarer qu'ils ont eu la main forcée. Les Plébiscites de ratification ont surtout été employés par la dynastie impériale des Napoléons.

C'est le souvenir de ces Plébiscites, d'origine et d'usage dynastiques, mettant la Nation en présence du fait accompli, qui, depuis trente ans, a détourné, en France, l'opinion publique des idées Plébiscitaires.

Les trois autres formes de Plébiscite sont :

1º Le Plébiscite d'élection : c'est-à-dire le suffrage universel nommant le Président de la République comme cela a lieu aux Etats-Unis.

2º Le Plébiscite d'arbitrage, en cas de conflit entre le pouvoir législatif et le pouvoir exécutif, sans que le jugement rendu puisse rien changer à aucun de ces deux pouvoirs, qui en ont simplement référé à leur souverain, le Suffrage universel.

3º Le Plébiscite de consultation, c'est-à-dire le Suffrage universel consulté pour l'adoption ou le rejet d'une loi d'intérêt général, comme cela a lieu en Suisse chaque année.

Il y a aussi le pétitionnement plébiscitaire signé du tiers au moins des électeurs, protestant contre l'application d'une loi qu'ils trouvent défavorable, ou réclamant la discussion d'une loi qu'ils trouvent favorable.

Auquel cas, la loi qui fait l'objet du pétitionnement est soumise au Plébiscite de consultation.

En France, quatre groupements d'ouvriers, comptant plus de 100.000 membres chacun, ont adopté le Plébiscite de consultation (ou referendum) en 1901.

Les Républicains de toutes nuances ont donc fait un grand pas vers la forme plébiscitaire.

Monsieur Pelletan, lui-même, a reconnu que le Plébiscite serait la vérité, sans la falsification des votes.

Cette falsification existe tout aussi bien avec le régime actuel (Elections de Toulouse en 1898).

ARTICLE II

République américaine

La République Américaine, la plus puissante des Républiques, et le Brésil, la plus récente des Républiques, sont
des Républiques Plébiscitaires.

L'élection du Président de la République, aux Etats-Unis,
se fait par l'intermédiaire de délégués présidentiels, délégués
par chaque Etat, mais avec mandat de voter pour tel ou tel
candidat.

C'est donc une élection à deux degrés, avec mandat impératif, c'est-à-dire une élection qui équivaut à une élection
du premier degré.

En réalité le président Mac-Kinley a été nommé par le
Suffrage universel.

La période électorale s'était ouverte au mois de juil-
let 1900. La nomination des délégués avait eu lieu au mois
d'octobre, et, dès le mois de novembre, Monsieur Loubet
adressait ses félicitations au Président Mac-Kinley considéré
dès cette époque comme définitivement élu.

Cette double opération du suffrage à deux degrés est
nécessitée par l'étendue du territoire des Etats-Unis, dix
fois plus considérable que celui de la France, et par leur
système de décentralisation politique.

ARTICLE III

De la Responsabilité ministérielle

Dans la République Plébiscitaire, le chef de l'Etat est nommé indépendamment des Chambres. Il nomme ses ministres également en dehors des Chambres, et ses ministres sont responsables devant lui.

S'il prend ses ministres parmi les membres du Parlement, ceux-ci abandonnent leur mandat de député ou de sénateur.

Le Président de la République et ses ministres sont nommés pour quatre ans.

Chaque ministre, choisi pour sa compétence technique, a donc le temps d'étudier et de faire aboutir les réformes qu'il croit nécessaires.

Dans le système actuel, même sous la présidence de Monsieur Waldeck-Rousseau, un ministre n'est jamais sûr du lendemain, et, comme son incompétence technique est une des conséquences de l'ingérence parlementaire dans sa désignation, comme ses seuls titres résultent de l'influence d'un groupe politique, non seulement il n'est pas sûr de mener à terme une seule réforme, mais il passe son temps, du moins devrait-il le passer, à se mettre au courant des divers services qu'il est appelé à diriger.

De plus, son origine même le désigne aux mauvaises volontés et aux pièges incessants de ses compétiteurs, désireux à leur tour de s'emparer d'un portefeuille.

De là, l'instabilité et l'incohérence de notre politique

depuis trente ans, instabilité enrayée de temps à autre par
la dictature d'un président de Conseil, qui réussit à donner
pendant quelque temps l'illusion d'un gouvernement fort, à
condition d'avoir la faiblesse d'obéir aux injonctions les
plus contradictoires.

Monsieur Waldeck-Rousseau, déjà nommé, poursuit une
campagne anticléricale, tout en ayant bien soin de ne pas
se brouiller avec le Vatican.

Monsieur Waldeck-Rousseau, Président de la République,
plébiscité, serait moins omnipotent, et cependant moins
assujetti.

ARTICLE IV

De la procédure électorale

Supposons que, le premier dimanche d'août 1906, la période électorale soit ouverte pour la nomination du Chef de l'Etat. Chaque département désigne, au moyen de ses comités électoraux, trois délégués par groupement politique (conservateurs, progressistes, radicaux, socialistes) qui se réunissent, le premier dimanche de septembre, dans une des plus grandes villes de France.

Par exemple, les délégués des comités conservateurs à Nantes ; les progressistes à Bordeaux ; les radicaux à Lyon ; les socialistes à Marseille. Dans ces assemblées préliminaires, composées chacune d'environ trois cents membres, chaque parti désigne le candidat à la présidence qui semble présenter le plus de chances d'être élu.

Les conservateurs, pour fixer les idées, ont désigné M. Deschanel.

Les progressistes : M. Méline.

Les radicaux : M. Doumer.

Les socialistes : M. Jaurès.

Ces premiers choix étant faits, les délégués départementaux reviennent dans leurs départements, après avoir choisi une plate-forme électorale comme on dit en Amérique, et ils commencent une campagne de propagande en faveur du candidat désigné.

Pendant le mois d'octobre, les candidats se mettent eux-
mêmes en campagne, et, le dernier dimanche d'octobre, les
électeurs de France décident en faveur du candidat présidentiel qui compte le plus de partisans dans le pays. Le résultat
est proclamé immédiatement au chef-lieu de chaque département ou de chaque province, comme pour les élections des
députés. La proclamation officielle est faite par le Président
du Sénat, dans la première quinzaine de novembre.

ARTICLE V

De la Vice-Présidence

En cas de décès ou de démission du Président de la République, la Présidence est exercée par le vice-président jusqu'à la prochaine législature.

A défaut de vice-président, par un des ministres, suivant l'ordre adopté aux Etats-Unis. Le vice-président est celui des candidats à la Présidence ayant obtenu le plus de voix, après le Président, au moment des élections générales.

Les élections générales pour le renouvellement des Chambres ont lieu en même temps que l'élection présidentielle.

Le renouvellement du Sénat a lieu dans les trois mois qui suivent cette élection.

Les sénateurs sont élus au suffrage universel avec limite d'âge inférieure de quarante-cinq ans.

Le chef de l'Etat sera ainsi en conformité de programme avec la majorité des deux Chambres, et le recours au referendum d'arbitrage ne deviendra nécessaire que dans des cas très rares.

C'est ici comme toujours la Constitution américaine qui doit nous servir de guide.

La République des Etats-Unis est la plus riche et la plus prospère, la plus puissante des Républiques ; imitons sa

Constitution, de même qu'après 1870 nous avons imité l'organisation de l'armée allemande dont la supériorité en Europe n'est plus discutable.

La prospérité des États-Unis sera rendue plus apparente par quelques chiffres.

	FRANCE	ÉTATS-UNIS
Budget.	3 milliards 1/2	1 milliard 1/2
Dette.	30 milliards	5 milliards 1/2
Commerce extérieur..	7 milliards 1/2	10 milliards
Marine marchande...	2.230.000 tonnes	10.500.000 tonnes.
Mouvement des ports	27.800.000 tonnes	50.000.000 tonnes.

N'est-ce pas d'ailleurs Jules Lemaître qui a écrit les lignes suivantes, si clairvoyantes et si politiques :

« Le salut de la République c'est de tendre de plus en plus au type de la République américaine.

« Ce n'est pas que l'étranger me fascine. Je loue la République des États-Unis, non parce qu'elle est américaine, mais parce qu'elle est une vraie République où la liberté n'est pas un vain mot, qui s'est formée et développée naturellement, qui n'est point violemment sortie, comme la nôtre, d'un état monarchique, et qui n'entraîne pas derrière soi des lambeaux incohérents. »

CINQUIÈME PARTIE

L'Opposition Nationaliste

ARTICLE PREMIER

Du Nationalisme

Le nationalisme a pris naissance au moment de la Revision du procès Dreyfus, et a groupé tous les Français qui pressentaient derrière l'Affaire, toute une campagne entreprise contre l'Armée Française.

Il est entendu que le Militarisme est ce pelé, ce galeux d'où nous vient tout le mal ; que l'Allemagne, qui a cent mille soldats de plus que nous, ne nous fera plus jamais la guerre ; qu'elle sera maîtresse de l'Europe dans dix ans, et qu'elle profitera de sa suprématie pour nous protéger ; mais, cependant, la masse du Peuple français, qui a tout autant l'horreur de la guerre que les internationalistes, ne croit pas prudent de rester dans un état d'infériorité militaire.

Tel fut le premier sentiment des nationalistes. Mais depuis, l'Affaire étant terminée, à la plus grande satisfaction de nos excellents frères d'Europe, le nationalisme a dû chercher à se préciser et à se définir politiquement. Les nationalistes sont en grande majorité des républicains, et un grand nombre d'entre eux sont partisans de la constitution américaine.

Nous étudierons leur classification dans l'article V.

ARTICLE II

Le Parlementarisme en Angleterre

Il y a aussi des nationalistes qui sont parlementaires.

Pour ceux-là, on ne voit pas bien les motifs de leur opposition.

Ils sont, pour la plupart, frappés d'admiration pour les institutions anglaises.

Le séjour de deux ans que Montesquieu fit en Angleterre a singulièrement influencé nos doctrines politiques.

Mais ces institutions, qui étaient un réel progrès au XVIIIe siècle, n'en sont plus un au XXe siècle.

D'ailleurs, le parlementarisme anglais, si on veut bien y réfléchir, se rapproche de la théorie plébiscitaire.

Il est bien vrai qu'Edouard VII n'a pas plus de pouvoir que M. Loubet. L'un et l'autre sont les rouages inutiles d'une montre incapable d'indiquer l'heure.

Mais l'Angleterre a, dans son président du Conseil, un véritable chef d'Etat, représentant l'opinion publique et garantissant à ses collaborateurs ministériels une stabilité effective.

Le ministère ne peut, en effet, être mis en échec par les Chambres, sans qu'il en résulte de nouvelles élections, ce qui modère singulièrement les membres du Parlement dans leurs velléités subversives.

De plus, le président du [Conseil étant nommé par une Chambre renouvelée et fraîchement élue, représente l'opinion publique au moment de son élection.

C'est une élection au second degré, il est vrai, mais sur un programme qui vient d'être discuté par les électeurs.

C'est une Constitution qui se rapproche beaucoup plus de la Constitution helvétique que de la nôtre. Donc stabilité ministérielle, chef d'Etat représentant l'opinion publique ; l'Angleterre a adopté ces deux principes qui font partie des principes de la République Plébiscitaire.

ARTICLE III

Une Constitution a une valeur organique indépendante du tempérament des Peuples

Quand on parle de la prospérité indiscutable des Etats-Unis, on vous répond généralement que les Américains sont un peuple jeune, qu'ils ne ressemblent pas aux Français, et que dès lors leur Constitution ne peut nous être appliquée.

D'abord, les Américains sont un peuple composé de vieux Européens, Allemands, Anglais et Français. Ce qu'ils ont de jeune, de réconfortant, c'est justement leur Constitution.

Et si, de ce qu'une Constitution a pu réussir à un Peuple autre que nous, nous devons conclure qu'elle ne nous est pas applicable, il n'y a plus qu'à nous résigner à l'anarchie.

Car le Parlementarisme anglais très supérieur au nôtre, comme nous venons de le voir, réussit à des Anglais.

La royauté prussienne de 1870 a réussi aux Allemands.

L'Empire a fait de la Russie, le pivot de la politique européenne.

Enfin, un même Peuple a pu prospérer sous des Constitutions différentes ; la France en est un exemple.

Et des Peuples très différents se sont accommodés de Constitutions identiques.

Rappelons-nous la France de Louis XIV et la Prusse de Frédéric-le-Grand, l'Angleterre du temps de Cromwel et la France du Consulat.

Une Constitution est donc indépendante du tempérament des Peuples ; elle est bonne ou elle est mauvaise en elle-même et par elle-même.

Les Suisses et les Américains ne se ressemblent guère, et les deux Républiques ont adopté le Plébiscite : l'une, le Plébiscite de consultation, l'autre, le Plébiscite d'élection.

La République Plébiscitaire voudrait emprunter à chacune d'elles, ces manifestations de la Souveraineté populaire.

ARTICLE IV

Des abstentionnistes

Le nombre des abstentionnistes égale à peu près le tiers des électeurs inscrits.

Si on veut remédier à cette indifférence coupable, il faut s'occuper d'assurer :

L'efficacité du vote.

Cette condition ne peut résulter que du Plébiscite d'élection.

Qu'est-ce en effet qu'un député ?

Un député est d'abord un candidat faisant à ses électeurs certaines promesses. Ces promesses, il ne les tient que rarement, et il ne peut pas faire autrement, en admettant, bien entendu, qu'il se croit engagé par elles, ce qui n'est pas toujours exact.

Les minorités sont impuissantes.

Les majorités sont divisées.

Avec l'élection plébiscitaire du Président de la République, les promesses faites par chaque candidat présidentiel pourront être réalisées en cas d'élection. Et alors, les abstentionnistes sortiront de leur indifférence, aujourd'hui justifiée par l'inanité des résultats.

Les pénalités contre les abstentionnistes seraient illusoires, ainsi que toute mesure pour rendre le vote obligatoire.

Comment, en effet, pourrait-on empêcher, avec le système actuel de votation, les bulletins blancs ou les bulletins portant un nom quelconque ?

L'efficacité du vote est d'ailleurs rattachée à deux autres principes :

Le secret du choix.

La sincérité des chiffres.

Dans une République où l'élection est la base des institutions, il semble que la première préoccupation des Pouvoirs publics doit être d'assurer la sincérité des votes. Il n'en a rien été jusqu'ici, le Parlementarisme redoutant cette sincérité, et ne s'occupant que de recruter des électeurs par voie d'intimidation.

Cependant la question est aussi intéressante que celle des progrès du téléphone et de la télégraphie sans fils.

Afin d'obtenir le résultat cherché, on pourrait étudier un projet de cabine électorale, analogue à la cabine Stowe : chaque électeur tirant un bouton métallique, au-dessous du nom du candidat qu'il a choisi ; immédiatement l'appareil se trouve coincé, et ne redevient libre qu'avec l'ouverture de la porte de sortie.

Les résultats sont totalisés au-dessus du nom de chaque candidat, à chaque manipulation ; et le résultat final de l'élection est connu après le passage dans la cabine du dernier électeur inscrit.

On éviterait ainsi les discussions sur les bulletins de vote et les contestations sur les chiffres.

ARTICLE V

Accord entre les Nationalistés

Les nationalistes appartiennent actuellement à différents groupements, sans unité de programme ni de doctrine.

En effet, être partisan de la protection accordée à l'agriculture et à l'industrie nationales, cela s'appelle être protectionniste.

Lutter contre l'invasion de l'influence étrangère, contre l'emploi des ouvriers étrangers, cela s'appelle le Patriotisme.

Vouloir rendre à la France son rang de Grande Nation, et la relever du cinquième rang qu'elle occupe aujourd'hui, cela s'appelle le Chauvinisme, bien dépassé d'ailleurs par le Pangermanisme et le Panslavisme.

Essayer de limiter l'influence juive qui intervient avec ses milliards dans toute notre politique intérieure et extérieure, cela s'appelle être antisémite.

Etre partisan de la Constitution américaine, cela s'appelle être Républicain Plébiscitaire.

Le seul lien qui réunisse les nationalistes, c'est le culte de la Patrie, l'amour de la Nation, blagué par M. Jaurès, mais respecté par Danton. Un seul cri les rapproche, celui de la première République : « Vive la Nation ! »

Dès lors, pourquoi ne pas rendre à cette Nation qu'ils respectent et qu'ils aiment, tous ses droits politiques, et le premier de ces droits n'est-il pas de nommer le Président de la République?

Chaque groupe de nationalistes combat actuellement pour ses préférences.

Mais, quel est le moyen de faire aboutir les réformes que chaque groupe désire ? C'est de nommer un chef capable de les réaliser.

Et quel est le moyen d'obtenir le droit de nommer ce chef populaire, c'est la Revision de la Constitution aristocratique et oligarchique de 1875.

Et quel est le moyen d'obtenir cette Revision ?

C'est de nommer, aux élections de 1902, une majorité de députés revisionnistes.

CONCLUSION

Conclusion

L'accord doit se faire, aux prochaines élections, entre tous les Républicains Antiparlementaires.

La Constitution de 1875 n'ayant jamais été ratifiée par un Plébiscite, et l'Assemblée Nationale de 1871, nommée pour faire la paix, n'ayant jamais eu de pouvoirs constituants, les Républicains sincères doivent demander la revision de la Constitution.

Les Nationalistes et les Républicains Plébiscitaires doivent exiger des candidats une profession de foi nettement revisionniste.

Et s'entendre pour faire triompher ceux de leurs partisans qui adoptent franchement comme programme :

Revision de la Constitution de 1875.

Rétablissement du scrutin de liste.

Abolition de la loi contre les candidatures multiples.

Election du Président de la République comme aux Etats-Unis.

Ces différentes réformes ont d'ailleurs été indiquées par Jules Lemaître dans son magistral discours de Nancy, prononcé devant deux mille électeurs de la Patrie Française le 1er décembre 1901.

Quant aux candidats de l'opposition qui acceptent la République Parlementaire de 1875, c'est-à-dire, répétons-le encore une fois, l'omnipotence des Parlements, leurs professions de foi antiministérielles ne peuvent leur donner ni les sympathies, ni l'appui des Plébiscitaires.

Attendu que ce n'est pas Monsieur Waldeck-Rousseau qui est responsable de l'affaire Dreyfus, ni des affaires de Panama et des chemins de fer du Sud, ni des premières persécutions religieuses, ni de l'abandon de notre politique traditionnelle sur le continent, cette politique qui s'appelait l'équibre européen, ni des augmentations des impôts depuis trente ans.

L'origine et la responsabilité de cette politique est dans le Régime parlementaire ; ne pas vouloir combattre la République parlementaire, c'est renoncer à pouvoir faire de l'opposition.

Quant à ceux qui ne veulent ni améliorer, ni transformer la République, mais la supprimer, en la poussant dans la voie des excès et des abus, il faut les plaindre de leur inutile et préjudiciable machiavélisme.

TABLE DES MATIÈRES

QUATRIÈME PARTIE

CINQUIÈME PARTIE

Paris. — Imprimerie JEAN GAINCHE, 15, rue de Verneuil